BIBLIOTECA DE LA IMAGINACIÓN
ARAÑAS peligrosas
Arañas de tela en embudo

Eric Ethan

Gareth Stevens Publishing
A WORLD ALMANAC EDUCATION GROUP COMPANY

Please visit our web site at: www.garethstevens.com
For a free color catalog describing Gareth Stevens Publishing's
list of high-quality books and multimedia programs,
call 1-800-542-2595 (USA) or 1-800-387-3178 (Canada).
Gareth Stevens Publishing's fax: (414) 332-3567.

Library of Congress Cataloging-in-Publication Data available upon request from publisher.
Fax (414) 336-0157 for the attention of the Publishing Records Department.

ISBN 0-8368-3774-6

First published in 2004 by
Gareth Stevens Publishing
A World Almanac Education Group Company
330 West Olive Street, Suite 100
Milwaukee, WI 53212 USA

Text: Eric Ethan
Cover design and page layout: Scott M. Krall
Text editor: Susan Ashley
Series editor: Dorothy L. Gibbs
Picture research: Todtri Book Publishers
Translation: Tatiana Acosta and Guillermo Gutiérrez

Photo credits: Cover © ® Jean-Paul Ferrero/AUSCAPE; p. 5 © Jack Green;
p. 13 © Kathie Atkinson /AUSCAPE

Every effort has been made to trace the copyright holders for the pictures used in this book.
We apologize in advance for any unintentional omissions and would be pleased to insert the
appropriate acknowledgements in any subsequent edition.

Printed in the United States of America

1 2 3 4 5 6 7 8 9 07 06 05 04 03

Portada: En una araña de tela en embudo de Sydney todo es grande y oscuro — ¡y su picadura puede ser mortal!

CONTENIDO

Las palabras del glosario van en **negrita** la primera vez que
aparecen en el texto.

LAS ARAÑAS DE TELA EN EMBUDO DE SYDNEY

Si hay un animal en Australia con quien nadie quiere toparse ése es la araña de tela en embudo de Sydney, una de las más peligrosas del mundo. Su picadura puede producir graves problemas de salud, e incluso la muerte. Aunque estas arañas y los seres humanos hacen todo lo posible por mantenerse alejados, algunas veces las arañas entran en las casas. Por fortuna, los habitantes de Sydney, Australia, y sus alrededores han aprendido a tener cuidado con ellas.

¡Cuidado! Esta araña de tela en embudo de Sydney, que levanta sus dos patas delanteras y muestra sus poderosos colmillos, está lista para atacar.

SU ASPECTO

Las arañas de tela en embudo de Sydney son grandes. El cuerpo de una hembra adulta puede llegar a medir 2 pulgadas (5 centímetros) de largo. Los machos son algo más pequeños. Tanto los machos como las hembras tienen el cuerpo liso y las patas peludas.

Al final del **abdomen**, la araña de tela en embudo tiene dos **hileras**, con forma de dedo, con las que produce la seda. Todas las arañas tienen hileras, pero en la mayoría son demasiado pequeñas y no se pueden ver. Las hileras de la araña de tela en embudo son grandes y fáciles de ver.

Las arañas de tela en embudo también tienen **colmillos**. ¡Y son tan poderosos que pueden atravesar con facilidad la uña de una persona!

El color de las arañas de tela en embudo de Sydney varía desde el café oscuro al negro brillante, pero todas tienen el abdomen morado oscuro.

SU DESARROLLO

La vida de una araña de tela en embudo de Sydney, como la de cualquier otra araña, comienza en un saco de huevos. Después de **aparearse**, la hembra pone unos cien huevos diminutos y, para protegerlos, los envuelve en bolas de seda llamadas sacos. La hembra esconde los sacos de huevos en su **madriguera**, y los protege hasta que los huevos se abren, lo que sucede en unas tres semanas.

Después de salir de los huevos, las **crías** permanecen en el saco por un tiempo. Antes de abandonarlo tienen, al menos, una **muda**, en la que se deshacen del recubrimiento exterior.

Las crías de esta araña se quedan con la madre durante los primeros meses de vida. Después se marchan en busca de una madriguera propia.

¡Los intrusos tienen que tener cuidado! Una hembra de araña de tela en embudo de Sydney defenderá su saco de huevos de cualquiera que se atreva a acercarse.

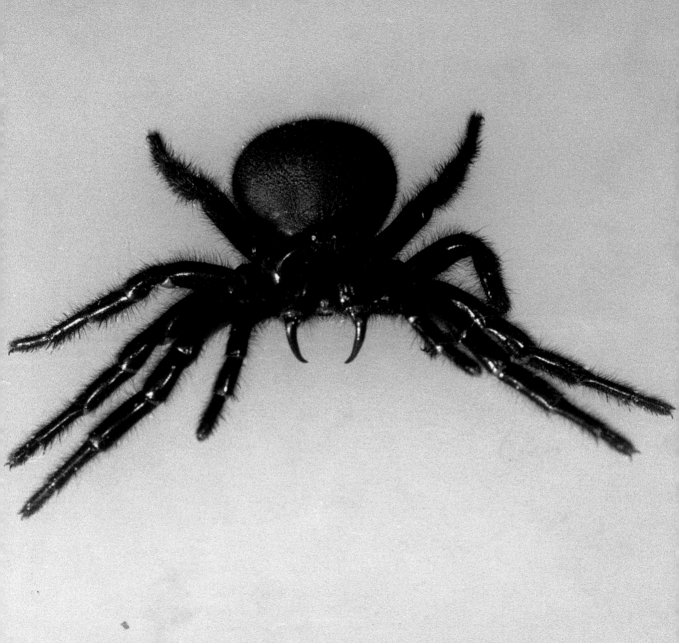

Las crías de la araña de tela en embudo de Sydney tardan de dos a cuatro años en alcanzar su pleno desarrollo. Las hembras adultas pueden vivir diez años más, pero pasarán la mayor parte de ese tiempo en sus madrigueras. Las hembras sólo salen de sus madrigueras en raras ocasiones. Sin embargo, los machos adultos son unos vagabundos permanentes. Pueden llegar a vivir entre seis y nueve meses más, y la mayor parte de ese tiempo la pasan buscando hembras y apareándose.

Los machos salen sobre todo de noche, especialmente durante los meses cálidos de primavera y verano. En esa época es cuando resulta más probable encontrar una araña de tela en embudo de Sydney en un jardín o en una casa.

Estas arañas de tela en embudo de Sydney están apareándose. El macho (a la izquierda) tiene una vida adulta muy corta, así que tiene que aparearse con mucha frecuencia.

DÓNDE VIVEN

Las arañas de tela en embudo de Sydney sólo viven en Australia, a no más de 100 millas (160 kilómetros), en cualquier dirección, de la ciudad de Sydney. En esa zona de la costa suroriental de Australia viven casi cuatro millones de personas, por lo que es muy probable que seres humanos y arañas entren en contacto.

Las arañas de tela en embudo de Sydney construyen a veces sus madrigueras cerca de casas, y a menudo en los jardines. Estas arañas prefieren las áreas húmedas. ¡Hasta han llegado a caerse en la piscina!

En los alrededores de Sydney, Australia, es aconsejable llevar zapatos en zonas húmedas, rocosas y boscosas. Las arañas de tela en embudo viven en el suelo.

SUS TELARAÑAS

Las arañas de tela en embudo de Sydney viven en lugares protegidos, como grietas profundas entre rocas o agujeros que escarban en el suelo. Tejen telarañas con forma de embudo que llevan a madrigueras oscuras y ocultas. En lugar de estar en la telaraña, la araña vive en la parte más profunda de la madriguera, más húmeda y fresca.

Partiendo de la entrada de la madriguera, la araña teje unas largas hebras de seda, llamadas hebras de aviso, que se extienden en todas las direcciones. Una hebra de aviso actúa como el timbre de una puerta. Cuando un animal pisa la hebra, la araña sabe que tiene visita.

Las hebras de seda de esta telaraña en embudo son un sistema de alarma para la araña que vive en la profundidad de la madriguera.

EN BUSCA DE COMIDA

La típica dieta de una araña de tela en embudo de Sydney consiste en escarabajos, cucarachas y otros insectos. Se sabe, además, que estas arañas pueden comer animales más grandes, como ranas y lagartijas.

Esta araña es muy **paciente** cuando busca comida. Se esconde en el fondo de su madriguera esperando que pase una **presa**. En el momento en que algo toca una hebra de aviso, la araña se apresura a salir de su escondite. Si ese "algo" resulta ser comestible, la araña lo sujeta y lo muerde. Sus poderosos colmillos **inyectan** un **veneno** mortal en la presa. Después, la araña arrastra su comida al interior de la madriguera para devorarla.

Esta araña de tela en embudo de Sydney, que asoma en la entrada de su madriguera, espera pacientemente a que una presa toque una hebra de aviso.

SU PICADURA

Las arañas de tela en embudo son arañas **agresivas**, por lo que hay más probabilidades de que ataquen que de que huyan, especialmente si se sienten amenazadas. Tanto los machos como las hembras son venenosos, pero los machos son los más peligrosos. Su veneno es cinco veces más potente que el de la hembra, y contiene una sustancia muy venenosa para los seres humanos. Además, por su constante vagabundeo, es más probable que los machos entren en contacto con las personas.

La picadura de una araña de tela en embudo de Sydney puede hacer que una persona se sienta muy enferma en escasos minutos. Un **antídoto** puede detener los efectos del veneno, pero la persona tiene que recibirlo en seguida o la picadura puede ser **fatal**.

Esta hembra de araña de tela en embudo de Sydney, preparada para atacar, parece muy feroz, pero en realidad un macho vagabundo es más peligroso.

SUS ENEMIGOS

Lagartos y aves se alimentan de arañas de tela en embudo de Sydney. Esos animales son capaces de atacar con rapidez, antes de que la araña pueda defenderse. Sin embargo, el mayor enemigo de estas arañas son los seres humanos.

La gente se atemoriza al ver arañas venenosas cerca de sus hogares, así que los australianos que viven en la ciudad de Sydney o en sus alrededores hacen todo lo que pueden para deshacerse de ellas. Para evitar a los **depredadores** y a otros enemigos, los machos de araña de tela en embudo de Sydney suelen permanecer escondidos durante el día, y esperan a que oscurezca para salir en busca de hembras.

Este gusano que sale de esta araña de tela en embudo de Sydney es un parásito, lo que significa que se ha estado alimentando de los tejidos corporales de la araña.

AMPLÍA TUS CONOCIMIENTOS

Libros   *Asombrosas arañas.* Alexandra Parsons (Editorial Bruño)

El fascinante mundo de las arañas. Maria Àngels Julivert (Parramón Editores)

Las arañas. Robert Raven (Editorial Könemann)

Las arañas. Serie Investigate (Random House Australia)

Guía de Naturaleza: Insectos y arácnidos. (Editorial Blume)

Bichos, arañas y serpientes. Ken Preston-Mafham, Nigel Marven y Rob Harvey (LIBSA)

PÁGINAS WEB

Las páginas web cambian con frecuencia, y es posible que alguna de las que te recomendamos aquí ya no esté disponible. Para conseguir más información sobre las arañas de tela en embudo puedes usar un buen buscador como **Yahooligans!** [www.yahooligans.com] o **Google** [www.google.com]. Aquí tienes algunas palabras clave que te pueden ayudar en la búsqueda: tela en embudo, arañas peligrosas, arañas venenosas, picaduras de araña, arañas.

http://iibce.edu.uy/difusion/
Además de información sobre distintos tipos de arañas, esta página incluye fotografías y consejos para recolectar y criar estos animales. Está bien organizada y te resultará muy divertida.

http://www.geocities.com/SoHo/1700/spider.html
Esta página usa un lenguaje un poco más técnico que otras, pero la información está bien organizada. Algunos de los temas que incluye son: estructura, seda, veneno y reproducción de las arañas.

http://www.people.virginia.edu/~nbm5b/spiders/
En esta página puedes encontrar un diagrama de una araña y otros datos sobre estos animales, además de un archivo de fotos de arañas, un poema sobre las arañas y hasta una receta para hacer una araña de chocolate.

http://www.familia.cl/familia/animales/insectos/arana1.asp
Visita esta página para conocer datos de distintas arañas. Podrás ver fotos de la mortífera araña de tela en embudo australiana y la venenosa viuda negra, entre otras.

GLOSARIO

Puedes encontrar estos términos en las páginas que aparecen tras cada definición. Leer la palabra dentro de una oración te ayudará a entenderla mejor.

abdomen — parte trasera del cuerpo de una araña, en la que se encuentran las hileras, los huevos, el corazón, los pulmones y otros órganos 6

agresiva — atrevida y enérgica; que suele iniciar un ataque o pelea 18

antídoto — tipo de medicamento que impide que el veneno provoque dolor, enfermedades o la muerte 18

apareamiento — unión del macho y la hembra de la misma especie para tener crías 8, 10

colmillos — dientes largos y puntiagudos 8, 10, 12, 16

crías — animales que no han alcanzado la edad adulta 8, 10

depredadores — animales que cazan y matan otros animales 20

fatal — que causa la muerte 18

hileras — órganos situados en la parte trasera del abdomen de una araña, que el animal usa para producir seda 6

inyectar — meter a presión un líquido en los tejidos corporales usando un objeto puntiagudo como una aguja 16

madriguera — agujero en que vive un animal 8, 10, 12, 16

muda — eliminación de una capa externa del cuerpo, como la piel, para que aparezca una nueva 8

paciente — que puede esperar durante mucho tiempo sin cansarse 16

presa — animal que sirve de alimento a otro animal 16

veneno — sustancia tóxica que un animal produce en su cuerpo y que transmite a su víctima por medio de una picadura o mordedura 16, 18

ÍNDICE